TURENNE

ET LE LIEUTENANT-GÉNÉRAL

REINHOLD DE ROSEN

DOCUMENTS INÉDITS

PUBLIÉS PAR

A. M. P. INGOLD

PARIS
A. PICARD & FILS
rue Bonaparte, 82

COLMAR
H. HUFFEL
Place ..., 8

1905

TURENNE

ET LE LIEUTENANT-GÉNÉRAL

REINHOLD DE ROSEN

REVUE D'ALSACE (SUPPLÉMENT)

BIBLIOTHÈQUE

DE LA „REVUE D'ALSACE"

TOME I͏ᵉ DE LA COLLECTION

COLMAR
H. HUFFEL, LIBRAIRE
1905

TURENNE

ET LE LIEUTENANT-GÉNÉRAL

REINHOLD DE ROSEN

— ⁂ —

DOCUMENTS INÉDITS

PUBLIÉS PAR

A. M. P. INGOLD

COLMAR

H. HUFFEL, LIBRAIRE

1905

RIXHEIM (ALSACE). — IMPRIMERIE F. SUTTER & CIE

TURENNE

ET LE LIEUTENANT-GÉNÉRAL

REINHOLD DE ROSEN

———

Une première fois déjà [1]), la *Revue d'Alsace* a publié quelques intéressants documents sur le curieux épisode de la fin de la Guerre de Trente Ans dont nous allons entretenir nos lecteurs. Un nouvel examen [2]) de la collection de l'auteur de cette publication [3]) nous y a fait remarquer quelques pièces qui méritent, ce nous semble, d'être également tirées de l'oubli. Aussi bien touchons-nous ici à la grande histoire, et à une période particulièrement intéressante pour nous autres Alsaciens.

I.

En avril 1647, Turenne, à son grand déplaisir, — car il était à la veille de pénétrer jusqu'à Vienne — fut rappelé d'Allemagne pour aller renforcer l'armée

———

1) 1882, p. 39-60. — Il y a un tirage à part. (Mulhouse, Bader, in-8° de 24 pages).

2) Que mon étude sur la Mère de Rosen m'a amené à faire.

3) M. Edouard Gasser (de Masevaux, fixé aujourd'hui à Remigny près Chagny). M. Gasser m'a communiqué tout cet important dossier, avec autorisation d'en tirer ce que bon me semblerait, alors que lui-même était tout désigné pour donner cette suite à son premier travail. Je suis heureux de remercier ici notre collaborateur de ce désintéressement.

M. Gasser tient ces précieux documents de l'arrière-petit-fils du dernier sacristain de l'abbaye de Masevaux.

de Flandre 1). Outre les autres raisons qui faisaient désirer au grand capitaine de pouvoir poursuivre sa campagne d'Allemagne, il prévoyait que la cavalerie Weimarienne « ferait difficulté de le suivre à cause de cinq ou six montres (mois de paye) qui lui étaient dus » 2). Cependant l'armée entière passa le Rhin « sans faire aucune difficulté » 3). On campa entre Strasbourg et Saverne (juin 1647). Là les régiments suédois se mutinèrent, réclamant leur solde 4). Turenne leur envoya Tracy, le munitionnaire général de son armée, et le lieutenant-général de la cavalerie, Reinhold de Rosen. Celui-ci resta avec les mutins « disant que les troupes le retenaient par force » 5), et se disposa à repasser le Rhin avec elles à Strasbourg.

Ce mouvement était à peine commencé que Turenne, aussi prompt à prendre des résolutions énergiques qu'à les exécuter, rejoignit les Weimariens. « Supérieur en nombre, sur un terrain embarrassé de buissons, il pouvait avec son infanterie et son artillerie les attaquer avec avantage et les empêcher de passer. Mais c'était sacrifier un grand nombre de braves gens qu'on pouvait ramener encore : il les laissa traverser » 6).

---

1) Lettre du roi, dans les *Mémoires de Turenne* (Collect. Michaud et Poujoulat), p. 408. Nous citons, faute de mieux, cette édition, dont l'imperfection fait bien désirer celle que nous promet la *Société de l'histoire de France*. (Annuaire-bulletin de 1903, p. 139).

2) *Mémoires de Turenne*, p. 409.

3) Id., ib.

4) Il semble bien qu'ils avaient encore d'autres sujets de mécontentement contre Turenne, comme le montre la pièce ci-jointe, intitulée *lettre B*, dans les documents de M. Gasser :

Mémoire pour les officiers à la cour du Roy.

On remontrera à Sa Majesté que les régiments allemands de l'armée Wimaroise ont été fort souvent malcontents du maréchal de Turenne en ce qu'il a maltraité les officiers, lorsqu'ils ont sollicité leur solde, ou qu'ils l'ont prié d'observer quelques points de leurs anciens traités. Ce maréchal leur ayant dit de bouche qu'ils n'avaient qu'à prendre congé, qu'il donnerait bien d'autres officiers aux reitres, ce qui s'est fait et pratiqué, ayant rempli les offices de Français et chassé les officiers allemands sans récompense, tiré pour lui des quartiers d'hiver et n'en a point assigné aux régiments bien que cela se doive faire.

5) *Mémoires de Turenne*, p. 415.

6) CHARVÉRIAT, *Histoire de la Guerre de Trente ans*, II, 574.

Puis, avec un courage qui touchait à la témérité, car il risquait d'être fait prisonnier, il donna ordre aux troupes françaises de rester sur les bords du Rhin, il passa le fleuve avec seulement 12 à 15 personnes, « suivit Rosen, se logea chez lui, continuant ses fonctions de général en chef comme si de rien n'était » 1). « Dans la bonne chère et le vin toutes choses furent oubliées en apparence 2) ». On descendit ensemble le long du Rhin. Arrivés à Ettlingen, en vue de Philippsbourg où se trouvait une garnison française, Turenne « en fit venir pendant la nuit cert hommes, fit garrotter Rosen et l'envoya prisonnier d'abord à Philippsbourg, puis à Nancy » 3).

« Cet acte de vigueur, dit un historien récent de Turenne 4), eut immédiatement son effet : presque tous les officiers et sous-officiers et deux régiments entiers se déclarèrent pour Turenne » 5).

1) CHARVÉRIAT, ib.
2) *Mémoires de Turenne*, p. 415.
3) CHARVÉRIAT, p. 575. L'instruction royale envoyée d'Amiens à Turenne, le 4 juillet, portait qu'il devrait « tâcher de retirer le lieutenant-général Rose et quelques-uns des officiers principaux qui sont avec les mutins, parce que ce serait un moyen de s'assurer qu'ils n'iraient pas prendre parti avec les ennemis ». *Mémoires de Turenne*, p. 412.
4) J. ROY, *Turenne*, p. 72-73.
5) Qui leur avait écrit la lettre suivante :

« Aux vieux régiments de la cavalerie de Rose.

« Ayant appris que les régiments assemblés voulaient marcher outre et au-delà de Pforzheim, nous avons bien voulu vous faire savoir de ne les suivre plus, mais de tâcher d'en attirer autant qu'il se pourra dans leurs quartiers, les assurant par la présente de ne les point abandonner. Et quand les réitres verront qu'ils n'auront plus d'officiers, les mieux intentionnés pour le moins reviendront à eux ; de notre part nous croyons y avoir fait du mieux que nous avons pu, et nous assurons tant de M. le général-major Heckstein qu'il rapportera au mieux qu'il pourra quelle est notre intention sur ce sujet, et pour ce qui touche le paiement et qu'on lui ajoutera entière croyance. Ettlingen, le 18 juillet 1647. TURENNE ». (Doc. Gasser, lettre E).

Les régiments qui ne voulurent point se soumettre, diminués par une vigoureuse attaque de Turenne à Arnstein, passèrent le Main « pour rejoindre les Suédois ». (*Mémoires de Turenne*), p. 416. Avec les débris restés fidèles, Turenne « racommoda tous les régiments hors deux » (ib.) : la lettre qu'on va lire (Pièce F) est relative à cette réorganisation :

« M. le lieutenant-colonel outre qu'il y a peu de réitres dans le régiment et que la désobéissance qui a paru près de Saverne est suffi-

II.

Turenne avait donc réussi à garder au service de la France quelques régiments suédois. Mais ne peut-on pas penser qu'il avait agi avec un peu de dureté à l'égard du lieutenant-colonel de Rosen, dont les services méritaient plus de ménagement? Et fut-il vraiment bien fondé en l'accusant à la cour d'avoir excité sous main la rébellion des Weimariens? Après examen des pièces qu'on va lire, — toutes, il faut le dire, émanées de Reinhold de Rosen ou des siens, — il semble bien que le grand capitaine, en faisant arrêter Rosen, obéit à un ressentiment personnel. Il est manifeste qu' « il ne l'aimait pas, parce qu'il avait été souvent d'un sentiment opposé au sien » [1]. Il est certain aussi que Rosen, « informé de ce qui se tramait contre lui, comme dit la relation que nous venons de citer [2], resta tranquille, quoiqu'il eut pu, sans qu'on fut en état de l'en empêcher, emmener tout le reste des Weimariens et les autres troupes allemandes, et les offrir à tel prince qu'il aurait voulu, car il en était fort aimé ; connaissant son innocence, il se laissa arrêter et défendit même à toutes les troupes qui étaient à ses ordres de s'y opposer ».

Aussi dès sa première prison, à Philippsbourg, s'occupa-t-il de sa justification, demanda à être entendu par le roi auquel il envoya cette intéressante relation de sa conduite :

sante de réformer ledit régiment, nous, ayant donné ordre que lesdits reitres soient mis dans le régiment de Tupadel, nous vous avons voulu faire savoir par la présente que vous envoyiez à Villerstadt, au quartier du régiment de Tupadel, tous les reitres qui sont encore en état et qui se trouvent çà et là. Les lieutenants, cornettes, quartiers-maîtres et caporaux peuvent demeurer en tel régiment qui leur plaira, et quand l'argent des régiments viendra ils en recevront pareillement. Pour ce qui touche les hauts officiers, ils pourront demeurer jusqu'à ce qu'ils recevront congé. De Heilbronn, le 8 août 1647.

« Votre très affectionné TURENNE ».

1) *Notice sur la famille de Rosen*, publiée par M. E. Lehr dans les *Mémoires de la Société des monuments histor. d'Alsace*, 1864, p. 127.

2) Id., ib.

Sire,

J'espère que Votre Majesté aura reçu les deux lettres que je me suis donné l'honneur de vous écrire. La première, Rastatt du 24 juin, et la dernière de cette ville datée du 31 du passé, desquelles V. M. aura appris non seulement comme je me suis employé de tout mon pouvoir pour apaiser les séditions et désordres qui sont arrivés dans votre armée d'Allemagne, mais aussi comme Monseigneur le Maréchal de Turenne m'a fait arrêter et emmener prisonnier en cette place. Or, Sire, me représentant les fidèles services que j'ai rendus il y a 27 ans à ce parti, entre lesquels j'ai eu l'honneur d'en servir douze dans votre armée, et de quel grand cœur et affection j'ai hasardé tant de fois ma vie pour le bien de votre service, je m'afflige extrêmement du tort qu'on me fait, principalement qu'en examinant toutes mes actions, je n'en trouve aucune qui puisse mériter un traitement si fâcheux et rude. Tellement, Sire, que je me trouve forcé de dire que Monseigneur le Maréchal ne me veut ruiner que pour couvrir les fautes qu'il a commises et particulièrement en cette rencontre, où il a entrepris contre les séditieux des choses qui ont causé la ruine de ces troupes et la perte de cette armée qui s'est débandée par la méfiance et haine qu'elle a conçue contre lui, sans que j'y aie rien contribué. Mais parce que je me vois criminalisé sans crime je prends mon recours vers V. M. la suppliant très humblement de prêter l'oreille à ma juste plainte et me permettre que je puisse justifier mes actions devant Elle ou au moins devant des juges sans passion ni partialité, où je ferai voir que toutes les accusations qu'on m'impute sont des coups d'adresse et des artifices dont je n'ai jamais été capable, toutes les actions que j'ai jamais rendues pour votre service ayant toujours été aussi pleines de probité que de sincérité. Et de fait, Sire, j'appelle en témoins en cette rencontre tous les officiers de l'armée contre la calomnie qu'on m'impute d'avoir été en partie cause de cette sédition, dans laquelle il est certain que je n'ai jamais consenti, n'ayant approché les troupes qui se sont mutinées que suivant l'ordre de Monseigneur le Maréchal et demeuré avec eux à la sollicitation de tous les officiers et particulièrement par le conseil et avis de Messieurs de Tracy, Ehm, de la Meth et Fleckenstein qui croyaient et moi avec eux que ma présence les tenant unies ensemble les empêcheraient de se débander, pendant lequel temps j'eus seulement connaissance du traité que les officiers auraient fait à Strasbourg leur ayant demandé le sujet pour lequel ils me refusaient l'obéissance qu'ils m'auraient autrefois rendue. Ce que je justifie par l'exécution de deux de mes Reitres mutins faite quelque temps après et par une lettre que j'ai écrite à tous les Régiments et autres dont les copies sont ici jointes, de toutes lesquelles circonstances et autres particularités V. M. peut juger si je ne suis pas innocent de toutes les fautes dont on me charge.

Et c'est pourquoi je supplie très humblement V. M. encore une fois et pour l'amour de Dieu de me faire seulement cette seule grâce de me permettre que je me puisse justifier devant Elle. Ce faisant V. M. fera paraitre à tout le monde que les pauvres étrangers ont si bonne justice dans votre Royaume que vos propres sujets, et ma juste cause qui n'est pas ignorée de tous ceux qui me connaissent, ne sera pas offusquée, ains sera éclaircie que tout le monde peut voir que je n'ai jamais souhaité autre chose que d'avoir l'honneur d'achever mes jours dans votre service en qualité,

Sire,

De V. M. le très humble et très obéissant serviteur

REINHOLD VON ROSEN [1]).

A Philippsbourg le 10 août 1647.

Les lettres annoncées dans cette relation et qui l'accompagnaient méritent aussi de voir le jour.

La première avait été adressée à Turenne, le 1er juillet précédent.

Monseigneur,

Votre Altesse apprendra s'il lui plait, par celle-ci, que j'ai à présent fort bonne espérance d'apaiser toutes les séditions et remettre tout en bon ordre; la plupart des officiers, qui sont fort considérés par les reitres, ont pris résolution de me suivre partout, selon les conditions que votre Altesse leur a fait proposer par M. de Tracy.

Hier matin je commandai à tous les officiers de mon vieux régiment de faire venir chacun sa compagnie à part pour savoir de leurs reitres s'ils voulaient repasser le Rhin ou non.

1) Documents Gasser, n° 6, copie.

En même temps ils se rencontrèrent deux méchants marols (ma-
rauds?) de ma propre compagnie qui répondirent qu'ils étaient
tout prêts de servir le roi, mais jamais de delà le Rhin. Ce qui
me mit tellement en colère que je fis arquebuser l'un de ces
deux mutins tout incontinent et commandai de garder l'autre
pour le faire déclarer *schelm* à la présence de toute l'armée.
Je les eusse fait pendre tous les deux, mais faute de bourreau
il ne pouvait pas se faire. En cette action tous les reitres des
quatre régimes s'y trouvèrent et parlèrent tout doucement
ensemble, ce qui me fit appréhender une totale émotion, d'autant que les deux mutins criaient à tout moment à l'aide; mais
ils n'en bougèrent et branlèrent point, ains avaient grande
peur de cette exécution.

Je fis à la fin tant que mon vieux régiment et mes dragons
me promirent de repasser le Rhin et m'obéir partout.

Votre Altesse verra par celle ci-jointe que j'ai écrit à tous
les régiments et à chacun en particulier dont j'attends aujour-
d'hui la réponse. Le régiment de Schutz s'est déjà résolu par
écrit de me suivre pourvu qu'on leur tienne ce qui leur a été
promis à Rastadt par les députés de votre Altesse. Aussitôt
que j'aurai les réponses des autres régiments, je ne manquerai
pas de vous les envoyer par deux rittmeistres.

Je suis assuré que votre Altesse ne saura croire quels soin
et peines on a avec ces gens : je les ai prises et les prendrai
encore très volontiers et y emploierai tont mon pouvoir pour
remettre tout en bon ordre. C'est tout ce que je souhaite le
plus au monde et Dieu en est mon témoin.

Monseigneur de Votre Altesse le très humble et très obéissant serviteur

R. v. Rosen [1].

Voici la lettre écrite par le colonel « à tous les
régiments et à un chacun en particulier », comme il
dit. Elle est datée du même jour, de Reinichen.

Encore que depuis quelques jours Messieurs les officiers
aient conféré et tenu souvent fois conseil ensemble par quel
moyen une affaire si difficile et de si grande conséquence entre-
prise par eux près de Saverne pourrait être vidée et terminée

---

1) Documents Gasser, n° 7. Copie.

par une bonne composition, et encore qu'ils aient été quelque-
fois en bon chemin que l'on croyait que tout s'accommoderait
à la fin, néanmoins il y en a eu toujours quelques entre eux
qui ont renversé tous les bons conseils et empêché jusqu'à
présent la résolution finale, ne considérant point que son Altesse Mgr. le maréchal de Turenne leur a octroyé tous les
points et prétentions qu'ils lui ont proposés, hormis celui de
l'argent, et que sa dite Altesse veut faire ratifier lesdits points
et leur donner pour passage la ville de Worms ; touchant l'argent mondit Seigneur a fait promettre par M. de Tracy en foi
d'homme de bien de faire payer à présent deux montres aux
Reitres et une à tous les officiers, s'obligeant aussi expressément de faire payer auxdits officiers dans six semaines non
seulement la deuxième montre, mais que dorénavant sa dite
Altesse veut aussi employer tout son pouvoir à la cour, afin
que l'armée soit autant qu'il sera possible contentée et satisfaite.

Il est vrai que ladite armée a sujet et raison de parler
pour ce qu'on lui doit ; mais quand on considérera bien les
affaires du temps présent, je suis assuré qu'on ne trouvera
pas un roi ni prince qui peut donner un entier contentement
à ses armées. Nous autres avons toujours eu quelque chose, et
avons encore l'espoir que Sa Majesté reconnaitra nos fidèles
et loyaux services que nous lui avons rendus, et nous con-
tentera un de ces jours. Voyant donc clairement que de vivre
dans un état comme celui-ci les régiments se ruinent sans
rendre aucun service, traversent et gâtent les pays à leur
grand déshonneur, dont ils perdront enfin leur bonne renommée, et attireront l'inimitié de tout le monde sur eux.

Et pour empêcher aussi qu'à l'avenir les régiments ou les
officiers d'iceux ne peuvent dire qu'ils eussent désiré que les
affaires n'eussent pas été trainées de telle façon, et quand
par une telle manière de vivre des malheurs arriveront, ils
ne s'en pourraient excuser, j'ai cru être fort nécessaire d'écrire
à tous les régiments et à un chacun en particulier, pour savoir
de ses officiers (sans qu'ils conseillent les autres) leur résolution
finale : s'ils veulent plus longtemps servir à Sa Majesté très
chrétienne et suivre Mons. le Maréchal de Turenne dans
le pays de Luxembourg, pour l'argent qui est à présent à
l'armée et qu'on leur a offert ; comme aussi s'ils se peuvent
assurer de leurs régiments et compagnies ou non, afin que je

puisse mander ladite résolution à son Altesse mond.. Seigneur
le Maréchal. Car de vivre sans rendre service dans une telle
confusion comme celle-ci, et traverser et gâter le pays, à notre
grand déshonneur comme dit est, je ne le saurais point faire
et ce qu'il m'est aussi impossible de demeurer avec les régiments plus longtemps. C'est pourquoi le régiment de N...
me mandera par écrit sa résolution finale.

Fait à Reinichen, le dernier juin 1647.

R. v. Rosen.

Sur cette lettre tous les régiments ont fait .. fort bonnes
réponses par écrit que le S' lieutenant-gér ia' de Rosen
garde en original par lesquelles ils lui ont tou.. promis de
lui suivre partout si on leur tiendrait ce que M. de Tracy
a promis à Rastadt 1).

En même temps que tout ce dossier partait pour
la Cour, Rosen, prenant toutes les mesures pour se
justifier, écrivait encore au cardinal Mazarin. Cette
lettre, étant conçue à peu près dans les mêmes termes
que la lettre au Roi, nous ne la reproduirons pas ici 2).
Le maréchal de l'Hospital était aussi sollicité de s'entre-
mettre en faveur du prisonnier, par la lettre suivante,
toujours datée de Philippsbourg et du 10 août 1647:

Monseigneur,

Ayant eu autrefois l'honneur d'être sous votre commandement auprès de l'armée de feu S. A. Mgr. le duc de Weimar,
j'ai vu et reconnu en toutes les rencontres des preuves d'affection et de bienveillance que vous me fîtes l'honneur de me
porter. Ce qui m'a fait prendre la hardiesse de m'adresser à
vous, Monseigneur, en cet état misérable où je me trouve à
présent, — ayant été arrêté prisonnier sans que j'en sache le
sujet et à quel dessein par Mgr. le maréchal de Turenne, —
avec cette confiance, Mgr., qu'il restera encore quelque petite

---

1) Documents Gasser, 8. Copie. — La même collection renferme
(n° 22) des copies de lettres analogues envoyées « aux reitres du Vieux-
Rosen et aux dragons », et (n° 23) « aux reitres du régiment Nouveau-
Rosen ».

2) Collection Gasser, n° 9. Copie.

étincelle de cette ancienne affection. Pourtant je vous supplie très humblement, Mgr., de coopérer auprès de leurs Majestés et de son Eminence par le crédit et pouvoir que vous y avez pour ma délivrance, afin que je puisse avoir moyen de me justifier. Envoyant pour cet effet en Cour mon frère que je vous supplie très humblement, Mgr., d'assister de votre bon conseil. Vous obligerez ma personne, Mgr., qui a de tout temps fait gloire d'être de tous ses efforts

Monseigneur... etc....

R. v. R. [1]).

Comme on vient de le voir, ces lettres et ces mémoires justificatifs devaient être portés à Paris par le frère du lieutenant-général R. de Rosen [2]). Ce que confirme le billet ci-joint adressé, toujours du même lieu et à la même date, au secrétaire d'Etat Le Tellier :

Monseigneur,

L'état où je me trouve à présent m'oblige de vous importuner par celle-ci et vous supplier très humblement d'entendre de mon frère, que j'ai prié instamment de faire un voyage en Cour pour représenter mon innocence, comme toutes les affaires de l'armée du Roi en Allemagne qui me touchent se sont passées. Je m'assure, Mgr., que quand vous en serez bien informé, vous trouverez que je n'ai point mérité le traitement qu'on me fait, ains que j'ai témoigné en toutes mes actions que je suis fidèle serviteur du Roy, et partant innocent de ce qu'on m'impute. Cela paraîtra encore plus clairement quand leurs Majestés me feront la grâce de m'écouter et me permettront que je me puisse justifier devant elles, ou du moins devant des juges sans passion et partialité, et à ce sujet je vous supplie très humblement, Mgr., de me procurer ce bien. Vous ferez une chose juste et obligerez ma personne qui fait profession d'être, Mgr....., etc....

R. de R. [3]).

---

1) Collection Gasser, n° 9. Copie.

2) Ce frère du lieutenant-général, Jean de Rosen, chef du régiment le *Jung Rosen*, et plus tard maréchal de camp, devait être tué, en 1650, à la bataille de Réthel dont il sera question plus bas. Dans le mémoire qu'il présenta à Le Tellier (Collect. Gasser n° 25) il s'offrit généreusement à rester comme otage à la place de son frère si on permettait à celui-ci de venir se justifier en Cour.

3) Collection Gasser, n° 11.

Deux curieux documents étaient produits à Paris par le colonel Jean de Rosen pour la justification de son frère. Le premier est la lettre suivante que ce dernier lui envoyait de Philippsbourg le 27 août de la même année 1647 :

Monsieur mon très cher frère,

Un certain trompette de mon Nouveau Régiment vient d'arriver de Cassel et nous apporte que S. Altesse Madame la Landgrave ayant envoyé le colonel Carpf aux cavaliers retirés pour les ramener à leur devoir et les remettre sur le bon chemin, ils lui ont fait de fort grandes plaintes de ce qu'on les a traités avec tant d'hostilité et chassés par force du service du Roi, disant qu'ils voulaient attendre si longtemps pour rentrer audit service du Roi jusqu'à ce que je serais de retour auprès d'eux; le dit colonel Carpf les estime encore forts de 2500 chevaux.

Hier un lieutenant de dragons arriva ici qui dit la même chose, savoir que les cavaliers étaient fort mal satisfaits et contents de Mgr. le Maréchal et de leurs officiers, se plaignant extrêmement qu'on les avait chargés, forcés et contraints de quitter le service du Roi, et assure qu'ils sont encore forts de 2400 chevaux et davantage, et qu'ils désirent de me r'avoir auprès d'eux, et alors ils s'obligent de rentrer au service du Roi. Je vous prie bien humblement de remontrer tout cela au Roi et de me mander toujours de vos nouvelles.

Monsieur mon frère

Votre... etc....

R. v. Rosen [1]).

Le second document que devait produire Jean de Rosen pour la justification de son frère est une lettre que lui écrivait de Colmar, le 23 août, le cornette Salomon Pistorius. La voici :

Monsieur,

A mon retour en ce pays-ci j'ai rencontré M. le maréchal de Turenne au quartier du Roi près de Strasbourg et ayant su

[1) Coll. Gasser, n° 26.

que la plupart des régiments de cavalerie s'en étaient allés, je
lui ai présenté l'expédition que j'avais obtenue à la Cour ès
mains propres, et encore que M. de Tracy, commissaire général, ait jugé à propos que j'allasse avec cette bonne résolution,
suivant le commandement de son Eminence Mgr. le Cardinal
de Mazarin, trouver lesdits régiments pour les faire retourner
et les ramener, s'il était possible, au service du Roi, si est-ce
qu'on n'a pas voulu avancer ni poursuivre cette affaire ; mais
si M. de Tracy comm. général était bien instruit de la Cour
de ce voyage et quelques hauts officiers allaient en personne,
et particulièrement si le général-lieutenant Rosen, l'innocence
duquel est reconnue partout, était mis en liberté, et Mgr. le duc
de Longueville qui a été toujours aimé et fort estimé de ladite
cavalerie se voulait employer et coopérer en cette affaire et
auprès du général Kœnigsmark, il n'y a point de doute que
tout irait bien.

Je n'ai pas voulu manquer de vous donner cet avis, y étant
obligé par devoir et que plusieurs officiers du Vieil Rosen sont
à Rouffach avec le lieutenant-colonel Augustin où ils veulent
attendre votre bonne expédition. Quant à moi je m'arrêterai
ici jusques à votre retour et attendrai l'issue de l'innocent arrêt
du général-lieutenant... etc...

Monsieur

Votre... etc...

Salomon Pistorius, cornette [1]).

Tous les officiers enfin pétitionnèrent, auprès de
Louis XIV, pour la justification de leur général en
même temps que pour la leur. La pièce est assez
curieuse : aussi la reproduirons-nous en entier, malgré sa
longueur, mais sans les pièces justificatives qui l'accompagnaient.

Sire,

Nous ne pouvons céler à V. M. comme le maréchal de Turenne a mal traité et ruiné votre armée d'Allemagne, la plus
glorieuse et la plus renommée de toute l'Europe, à l'étonnement
d'un chacun, et particulièrement le vieux régiment de Rose,

---

[1]) Coll. Gasser. n° 27.

lequel il a réformé et ruiné bien qu'il eut dès le commencement toujours été estimé le plus sincère et le plus zélé au service très humble de V. M., et l'a tellement mené qu'on peut dire que cela ne s'est pas seulement fait discourtoisement, mais en vérité extrêmement honteusement et désavantageusement, contre l'honneur, réputation et bonté de la nation française, la plus louable et courtoise de toutes ; et au contraire à nous de l'endurer comme cavaliers allemands francs et libres, ce que nous ne pouvons assez prendre à cœur, ni faire paraître l'extrême douleur que nous en ressentons. Que s'il est aussi clair que le jour qu'il ne peut se trouver à présent une pareille armée parmi toutes les nations tant pour le long temps qu'elle subsiste que pour ses hauts faits d'armes inouïs qu'elle a démontrés avec un renom immortel en plusieurs et incroyables escarmouches et batailles rangées au service des deux puissants rois, celui de France et de Suède, et à la vue de tout l'Empire Romain, d'où elle a été nommée non sans raison l'armée invincible. On sait aussi que le vieux régiment de Rose a été depuis vingt ans en ça le régiment des gardes du roi, ayant été orné et récompensé de cette prérogative devant tous les autres régiments par grâce spéciale du roi et dont le courage est connu de tout le monde et qui n'a jamais pu être atteint d'aucune faute, comme les amateurs de l'honneur et les non passionnés cavaliers en sont témoins, voulant taire qu'il a obtenu le nom de la légion admirable et formidable tant des amis que des ennemis, et néanmoins tout cela non considéré, l'on a exécuté une si étrange déformation, avec une procédure si préjudiciable et insupportable à tous honnêtes cavaliers, ayant été signifié par ordre de S. A. donné par écrit à Heilbronn le 10e d'août aux sieurs lieutenant-colonel, major et rittmeistres de s'en aller, ce qui n'est pas autre chose que d'être chassés comme gens infâmes (leur honneur sauf), scélérats et rebelles, sans paiement ni congé, bien que personne quel qu'il soit ne nous saurait atteindre ni convaincre avec vérité d'une pareille déshonnête rébellion. Outre que le lieutenant-général Rose, appelé la terreur des ennemis, a été arrêté et conduit en une prison bien fâcheuse, dans laquelle il est encore à présent détenu : ce qui est une honte ineffaçable à ses innombrables et fidèles actions héroïques, lequel emprisonnement est contre raison, étant entièrement innocent comme il nous est connu à tous, que nous le témoignerons devant Dieu et devant tous les

honnêtes gens et que nous voulons aussi témoigner ici. Or bien
qu'on ne puisse nier qu'il ne soit arrivé une très dangereuse et
éternellement déplorable rébellion parmi la plupart des cavaliers contre le service de V. M, elle n'est pourtant pas prove-
nue ni faite de pas un des officiers de notre vieux régiment, à
qui seul on en veut attribuer la faute, encore moins qu'on s'y
soit plu et qu'on ait fomenté le pernicieux dessein et con-
damnables entreprises des cavaliers, mais au contraire on a
toujours sérieusement tâché par toutes sortes de moyens et
particulièrement sur peine de punition corporelle de s'en abste-
nir et qu'ils puissent être conservés dans une dûe désobéissance
(appelant à cet effet toute l'armée à témoin). Que si les officiers
de l'armée s'opposèrent en quelque chose au maréchal de Turenne auprès de Saverne, l'extrême nécessité le requit ainsi,
d'autant qu'on vit qu'on se servait partout de finesse et que
personne toutefois ne pouvait savoir pourquoi cela se faisait ;
on tira de là du soupçon, comme il est aisé à conjecturer, qu'on
n'était pas de tout point bien intentionné pour les Allemands,
vu qu'il n'est pas besoin d'user d'artifices en une bonne affaire,
on prit de là sujet d'arrêter que les régiments qui s'étaient
portés vers Saverne ne marcheraient pas jusqu'à ce qu'ils
sussent ce qu'ils avaient à attendre dudit maréchal de Turenne,
ce qu'on peut recueillir suffisamment par le mémoire ci-joint
sous la lettre A ; car premièrement les régiments tant de çà
que de là le Rhin furent mandés à leur rendez-vous, mais on
n'en donna jamais pas un : 2ᵉ on fit passer le Rhin aux régiments en divers temps, aujourd'hui l'un, le lendemain un autre,
afin qu'ils ne pussent venir à aucun rendez-vous, bien que ce
fut la coutume ; 3ᵉ on fit à dessein de conduire les régiments
en divers lieux, et non à Saverne où devait être le rendez-vous,
pour les faire entrer dans le pays par les montagnes ; 4ᵉ il
avait été promis fort souvent de payer une montre à l'armée,
qu'on différa si longtemps qu'enfin on eut pour réponse qu'il
fallait auparavant passer le Steig. On ne veut pas dire que les
Français avaient bien de plus amples et meilleurs quartiers
que les régiments allemands, encore moins combien de fois
l'armée a été très mal contente du maréchal de Turenne,
comme il se peut voir par le susdit mémoire sous la lettre B
présenté à la Cour par le cornette, dont il appert clairement
que l'on ne doit pas trouver mauvais ni blâmer les officiers de
l'armée, s'ils avaient dit leur opinion en ce qui les touchait et

d'où l'on peut tirer la cause de la rébellion suscitée par les
Reîtres, et pourquoi nous, du Vieil régiment de Rose, nous
nous postâmes devant Saverne, comme étant de l'avant-garde,
et qu'enfin pas un officier ou général n'a eu aucune part à la
susdite rébellion, au contraire qu'aussitôt que S. A. le maréchal
de Turenne eut donné sa résolution, sur les points que l'armée
lui avait présentés sous la lettre C, ils furent contents et prêts
de marcher au premier commandement qu'on leur en fit. Touchant les simples cavaliers si l'on demande pourquoi ils ne se
rangèrent pas sous une dûe obéissance et ne voulurent obéir
aux ordres qu'on leur avait donnés de marcher, on répond que
personne n'en a eu connaissance et qu'il n'y a que Dieu seul
qui le sache; possible que cela est provenu de quelques dis-
cours et mensonges qui furent semés parmi eux qui les ren-
dirent dépités et désobéissants. On croit néanmoins que puisque
les Reîtres avaient rendu à leurs officiers selon leur devoir leurs
étendarts et s'étaient rangés derechef sous l'obéissance, on les
eut aussi pu persuader de marcher où l'on eut voulu et en
quelque lieu qu'on eut été, s'il ne fut arrivé l'ordre sous la
lettre D par lequel les Reîtres conclurent qu'on leur ôterait
leurs étendarts par finesse, qu'on les contraindrait à obéir par
force et que l'affaire se pourrait terminer par une dure exécution, sans parler qu'il nous fut expressément commandé de ne
pas suivre davantage les Reîtres comme il parait sous la lettre
E. Or bien que tout ceci ait eu une mauvaise issue, il n'y a
point de doute néanmoins que V. M. ne reconnaisse visible-
ment que nous tous, les officiers du Vieil régiment de Rose,
avec notre colonel, le lieutenant-général Rosen, sommes
exempts et innocents de tout soupçon de la rébellion passée,
et témoignerons suffisamment par la résolution des officiers
sous la lettre A qui en a été l'auteur et le médiateur. Mais de
savoir pour quel sujet M. le maréchal de Turenne a tellement
mis à bas et s'est efforcé d'extirper entièrement le nom du
Vieux régiment de Rosen qui pour ses mérites sans nombre
avait tant été privilégié, il n'y a que Dieu seul et V. M. qui
en puissent rendre raison, à laquelle nous remettons le tout et
avons une entière confiance qu'elle aura égard à notre innocence. Et d'autant aussi qu'il nous est notoire que ledit sieur
Maréchal nous porte une particulière haine, en ce qu'après
l'ordre donné sous la lettre F, personne ne prendrait parti dans
les troupes ni ne marcherait pas comme réformé quant aux

autres dans le pays. Nous croyons que V. M. ne nous accusera
pas de désobéissance ni d'aucun soupçon de rébellion puisqu'il
n'y a pas un honnête cavalier qui n'ait honte et déshonneur de
se voir chassé d'un si excellent et tant privilégié régiment, et
qu'il soit obligé de prendre parti dans un autre qui n'a jamais
pu se vanter d'avoir de telles franchises et libertés que lui.
Mais marcher auprès comme réformé, c'est-à-dire avec ver-
gogne et moquerie Que si cette honteuse réformation ne fut
pas arrivée, nous pourrions assurer V. M. que dans deux mois
de temps nous eussions fait un si bon régiment que V. M. en
eut été satisfaite et nous en eussions eu de l'honneur et de la
louange. Et d'autant qu'ayant représenté à V. M. dans une
franchise ingénue et naïve, tout ce qui s'est passé véritablement dans les affaires ci-dessus déduites, il se pourrait faire
que M. le maréchal de Turenne nous serait contraire et s'oppo-
serait à nos légitimes justifications, que nous nous sommes
offerts de lui faire tant de bouche que par écrit, et que nous
fussions renvoyé sans congé et sans récompense nonobstant
nos longs et très fidèles services. Il plaira à V. M. d'avoir égard
à notre déplorable et douloureuse incommodité qui est sans
ressource, et nous faire distribuer et départir la justice que
nous recherchons très humblement auprès de V. M. qui con-
siste en ce que V. M. ne nous regarde pas comme rebelles et
ennemis, dont Dieu nous préserve, encore moins comme hypo-
crit_s et flatteurs, mais pour des personnes qui, selon le bon
sang allemand, sont obéissants à V. M. d'une fidélité non far-
dée, d'une sincérité entière et sans avoir recherché aucune
subtilité de quelque nom qu'on la veuille nommer, et se
disant tenir à V. M. par le lien de la plus étroite sujétion.
Ce que nous témoignerons à tout le monde par les mani-
festes que nous ferons imprimer. Et n'aurons point de crainte
de ceux qui nous ont faussement et odieusement imposé cette
rébellion.

Nous supplions aussi très humblement V. M. de vouloir
donner la liberté à notre colonel, le lieutenant-général Rose,
que nous pouvons assurer V. M. lui avoir toujours gardé dans
le service qu'il lui a rendu une entière fidélité et être innocemment prisonnier ; et de nous faire payer nos montres que nous
avons si bien méritées et gagnées à l'effusion de notre sang et
par le hasard de nos vies, et qu'on nous a promis il y a si longtemps que nous espérons d'obtenir s'il plaît à V. M. de le com-

mander. Cela nous obligera à prier Dieu qu'il comble V. M.
de ses saintes bénédictions, et de demeurer à jamais

Les très humbles, très obéissants et très fidèles serviteurs

Les hauts et bas officiers du Vieil Régiment de Rosen.

Ecrit à Soultz le 22 septembre 1647.

Toutes ces démarches en faveur de la mise en
liberté du général de Rosen paraissent avoir été, à ce
moment, sur le point d'aboutir. Le prisonnier qui s'était
résigné à demander seulement l'autorisation de se retirer
dans sa maison de Bollwiller[1]), fut sur le point de
rentrer entièrement en grâce, car voici ce que mandait
le roi à Turenne, le 27 décembre :

Mon cousin, le lieutenant-colonel Rose, commandant dans
Tannes (Thann), qui estoit venu par deçà pour l'Affaire de son
frère, s'en retournant par dela, j'ay bien voulu l'accompagner
de cette lettre pour vous dire par l'advis de la Reine Regente
madame ma mere que je trouve bon et desire, que vous luy
laissiez exercer ses charges comme cy-devant, m'assurant bien
qu'il s'en acquittera tousjours comme se doibt pour mon service, Et la presente n'estant pour autre fin je prie Dieu qu'il
vous ait, mon cousin, en sa sainte garde.

Louis[2]).

C'est formel. Et cependant, loin d'être remis en
liberté, loin de reprendre ses charges, Reinhold de Rosen
était, à ce moment même[3]), conduit à la citadelle de
Nancy où il devait rester encore de longs mois em-
prisonné[4]).

---

1) Ce à quoi Turenne, s'il faut en croire un billet adressé à Rosen
par Tracy le 30 octobre (Collection Gasser, 19bis), paraissait vouloir
consentir.

2) Collect. Gasser, 37.

3) Pièce 31, même collection.

4) Rosen avait encore, dans l'intervalle, sollicité l'appui du prince
de Condé, par une lettre du 27 novembre (Pièce 31, publiée dans la
Revue d'Alsace, 1882, p. 54), et encore le 6 décembre suivant (Pièce
35, inédite).

III.

A Nancy, — cette ville que ses petites-filles devaient, cachées sous l'humble voile de la Visitation, illustrer par la sainteté de leur vie 1), — Reinhold de Rosen multiplie les démarches pour rentrer en grâce auprès du Roi. Dès le 12 janvier il s'adresse en ces termes à Mazarin :

Monseigneur,

Encore que j'ai eu grand espérance que mon frère, le lieutenant-colonel, me portera des bonnes nouvelles de Paris touchant ma liberté, si est-ce qu'il ne mande autre chose sinon qu'il me faut avoir encore patience, dont je m'afflige extrêmement étant déjà si longtemps que je suis détenu prisonnier, non seulement deux ans entiers en Bavière, mais aussi à présent plus de six mois, durant lequel temps je me suis vu malheureux jusques au dernier point, ayant innocemment perdu beaucoup de mon crédit envers le roi, et non seulement la plupart de mes moyens, mais le peu de biens que je possède encore, et principalement mon équipage qui m'a coûté beaucoup se consume et se ruine en soi-même, de sorte que tout cela ne me causera qu'une ruine totale. La seule consolation et espérance que j'ai après Dieu, c'est votre Eminence à laquelle je prends mon secours et la supplie très humblement et pour l'amour de Dieu de songer à un pauvre cavalier qui proteste devant le Tout Savant qu'il n'a jamais désiré ni désire encore autre chose que de servir fidèlement le roi et votre Eminence et faire en sorte que je puisse recouvrer le plus tôt qu'il se peut ma liberté, en laquelle je m'estimerais heureux d'employer ma vie pour le service du roi et de votre éminence en qualité

Monseigneur, de V. Eminence
le très humble... etc. ...
R. v. R.

A Nancy le 12 janvier 1648 2).

Le même jour il terminait ainsi une supplique au prince de Condé :

---

1) Voir *La Mère de Rosin*. (*Moines et religieuses d'Alsace*, n° VIII).
2) N° 39. Copie.

La seule consolation et espérance qui me reste encore, c'est d'entendre que V. Altesse me veut faire la grâce d'intercéder et employer son pouvoir pour son très humble et vieux serviteur qui proteste devant Dieu qu'il n'a jamais désiré autre chose avec plus de passion que de servir bien et fidèlement le roi et V. Altesse et souhaite de tout son cœur de le faire encore s'il était seulement en liberté [1].

A une lettre analogue au maréchal de Schomberg, toujours datée du 12 janvier, Rosen ajoutait cette phrase :

Monseigneur, je vous remercie très humblement de tant de peines que vous avez prises pour moi et des bonnes promesses que vous avez faites à mon frère touchant ma personne, et je vous supplie pour l'amour de Dieu de les effectuer aussi tôt que l'occasion se présentera de parler à la Reine et à Mgr. le cardinal, afin que je puisse bientôt recouvrer ma liberté en laquelle je tâcherai très heureux de répandre mon sang et de laisser ma vie pour votre excellence en qualité

de V. Excellence...

R. v. R. [2].

Le même jour encore il s'adressait à son compagnon d'armes, le lieutenant-général de Seneterre :

Monseigneur,

Mon frère, le lieutenant-colonel, m'ayant fait à savoir comme vous lui avez témoigné toute sorte de faveur et le désir que vous avez de me servir dans mon malheur, je me sens obligé de vous en remercier très humblement vous suppliant bien fort de me continuer vos bonnes grâces et quand l'occasion se présentera de parler à son Eminence et aux lieux que vous trouverez nécessaire, afin que je puisse le plus tôt qu'il sera possible recouvrer ma liberté en laquelle je tâcherai d'employer ma vie pour votre service en qualité, Monseigneur, de

Votre... etc....

R. v. R. [3].

1) N° 41. Copie.
2) N° 43. Copie.
3) N° 43. Copie.

Enfin, démarche qui dût lui coûter, c'est Turenne lui-même auprès duquel il sollicitait sa mise en liberté, par le billet que voici, daté de Nancy du 1er février :

Monseigneur,

J'espère que V. A. aura reçu la lettre que je me suis donné l'honneur de vous écrire et envoyer par M. de Cour, mais n'ayant encore pu recouvrer ma liberté bien que mon frère a été l'espace de cinq mois à Paris pour en solliciter à la cour et sachant bien que V. A. la peut bien avancer, je prends la hardiesse de vous en importuner encore une fois, suppliant très humblement V. A. de me faire la grâce d'écrire pour ma personne à la cour, afin que par votre moyen je puisse être relâché. J'envoie deux officiers à V. A. pour la prier de la même chose. J'espère que V. A. leur donnera audience et une telle réponse que par leur retour dépêché j'apprendrai de bonnes nouvelles de ma prochaine liberté en laquelle je témoignerai à V. A. que je suis très véritablement

Monseigneur,

de Votre Altesse le très humble... etc....

R. v. R. [1]).

Tracy, qui semble avoir été toujours le défenseur du malheureux prisonnier, était à son tour prié d'intercéder en sa faveur par cette touchante missive :

Sachant que vous me connaissez aussi bien qu'homme du monde et par conséquent mon cœur, mes actions et tout ce qui est en moi, et que vous êtes assuré que je n'ai jamais été autre que sincère et fidèle serviteur du Roi sans aucune feintise, je vous conjure et vous supplie par l'amour de Dieu de ne laisser échapper aucune occasion pour appuyer si bien mes intérêts auprès de S. A. Mgr. le duc qu'il s'emploie pour moi et fasse comme il peut par son crédit et autorité que je puisse obtenir ma délivrance au plus tôt, qui sera véritablement plus profitable au Roi que s'il me laisse ainsi oisif et hors d'emploi. La seule espérance qui me reste encore au monde est celle que j'ai à S. A. et à vous, Monsieur. Si vous ne m'assistez pas à présent dans ce mien malheur, je suis infailliblement perdu

1) Copie non numérotée.

en ce que mon innocence soit assez connue et que j'aie Dieu
pour témoin de ma sincérité et fidélité dont j'ai usé en tout
temps envers S. M^té, mais, Monsieur, j'ai cette ferme confiance
en votre bonté que vous ne me délaisserez pas en ce misérable
état, ains au contraire que vous emploierez tout votre pouvoir
pour moi qui suis et serai jusques au tombeau, Monsieur,

Votre … etc …

R. v. R [1]).

Celui qui, à ce moment, était le véritable maître
de la France, semblait disposé à rendre justice à Rosen.
C'est au moins ce que la lettre suivante, datée du
22 mars, fait supposer :

A Son Eminence

Monseigneur le cardinal Mazarini.

Monseigneur,

J'ai appris par M. le marquis de la Ferté Seneterre comme
il avait plu à V. E. lui écrire que je ne m'afflige point de mon
emprisonnement et que V. E. se souviendrait de moi. C'est de
quoi je vous rends grâce immortelle. Il est vrai que la récompense que l'on me rend aujourd'hui pour mes bons et très
fidèles services serait capable de me faire désespérer, n'était
l'espérance que j'ai toujours eue que V. E. représente l'image
de Dieu en terre, que vous êtes trop juste et équitable pour me
laisser dans cette oppression, et puisque toutes mes actions ont
été faites aux yeux de Dieu j'accours à votre Eminence qui
êtes son organe, la suppliant de me continuer la bonne volonté
que vous me témoignez, et que vos yeux qui sont les soleils
de justice se rendent aussi mon protecteur et que c'est de Dieu
et de V. E. seul que je prétends tout mon bien et puis assurer
V. E. que je ne veux conserver ma vie qu'en tant qu'il vous
sera agréable puisque désormais vous serez l'unique au monde
qui pourra commander absolument sur mes volontés. J'em-
brasse donc vos genoux et vous supplie au nom de Dieu

[1]) Nancy, 26 février. Copie non numérotée.

d'abréger mes ennuis et me remettre en état de vous faire
voir que je suis et serai toute ma vie avec corps et âme
de V. E.

le plus humble... etc....

De ma prison de la citadelle de Nancy le 22 mars 1648 [1]).

Cependant les jours et les mois s'écoulaient sans
que R. de Rosen sortit de prison [2]). Aussi revenait-il
à la charge auprès du cardinal :

A Son Eminence.

Monseigneur,

La lettre qu'il a plu à V. E. à M. le marquis de la Ferté
Seneterre m'avait fait espérer que vous auriez soin de la
misère où je suis depuis un an ença et même l'ordre exprès
du Roi que mon frère reçut il y a 25 semaines (?) pour se rendre
à la cour et y recevoir le commandement de Sa Majesté touchant ma personne m'avait fait croire que votre Eminence ne
différerait plus ma liberté, mais sachant que mes services
seront plus utiles dans les armées que de croupir dans les
longueurs d'ennuis insupportables où je me vois, n'ayant été
en liberté que deux mois depuis trois ans ce qui me ruine
entièrement, m'étant plus impossible de supporter les frais et
grande dépense que je fais à l'entretien de beaucoup de personnes et chevaux desquels je me sers étant au service de Sa
Majesté ayant toujours espéré qu'il me serait encore utile.
Cependant tout cela m'a consumé et du tout ruiné. C'est pourquoi je jette mes yeux et tous mes désirs sur votre Eminence,
vous suppliant au nom de Dieu qu'à cette fois vous ne me
déniez point votre secours, puisque ma liberté, mon bonheur
et ma fortune dépend de vous entièrement, et qu'un jour
différé me sont des supplices qui me sont désormais insuppor-

1) Copie non numérotée.
2) Où, s'il faut en croire une lettre de son frère à Mazarin, il n'était
pas même convenablement traité. « Au lieu de soulagement... le gou-
verneur de la citadelle le traite plus rudement que par le passé, tant
en ses repas ordinaires que d'autres façons, de manière qu'il en est
devenu malade et indisposé il y a trois semaines, et ce qui l'afflige le
plus est qu'on ne lui veut pas seulement permettre de faire acheter de
son propre argent les choses nécessaires qu'il désire avoir pour sa
table ».

tables. Que si Sa Majesté ne se veut servir présentement de moi, qu'il me soit permis de me retirer dans maison avec ma famille où je n'en partirai qu'en tant qu'il plaira à V. E. me l'ordonner. Ce faisant vous ferez justice et m'obligerez de me dire et de demeurer avec corps et âme, de V. E.

le plus humble, plus affectionné fidèle
fidèle et obligé serviteur
REINHOLDT VON ROSEN [1].

De la citadelle de Nancy ce 19ᵉ may 1648 [2].

Les démarches les plus touchantes en faveur du prisonnier étaient, on le comprend, celles que sa malheureuse femme s'était décidée, de son côté, à tenter. Déjà l'année précédente, elle avait écrit à la reine-régente Anne d'Autriche, la belle lettre qu'on va lire:

Madame,

Je viens me jeter aux pieds de votre Majesté avec des larmes de sang pour la supplier très humblement me prendre comme aussi tous les miens dans ses sauvegarde et protection, et lui demander justice du tort fait à mon mari, le lieutenant-général Roze, qui n'a jamais fait paraître en toutes ses actions que ce (que) peut et doit le plus fidèle et affectionné serviteur de S. M. Ses bons et fidèles services qu'il a rendus méritent un autre traitement que celui que M. le maréchal de Turenne lui a fait. Ce que je ne pus jamais croire que ce soit du consentement de votre Majesté, car elle est trop juste. Dieu sait que le sang ni la vie de mon mari ne lui sont rien à l'égard des intérêts de son roi. Il l'a assez fait paraître, et personne ne le pourra blâmer en son honneur et bonne réputation. Si les afflictions n'avaient percé mon âme et ne m'avaient réduite à la veille de mon trépas, je me serais transportée auprès de V. M. et ne me serait levée de ses pieds qu'elle ne m'eut rendu la justice et remis mon mari dans le pouvoir de servir Sa Majesté jusque au dernier soupir de sa vie. Et puisque V. Majesté

----

1) Du même jour, lettre à La Tellier. Aut. Signée et cachet. Non-numérotée.

2) Lettre originale, avec signature autographe, adresse et cachet, et avec cependant des corrections.

représente la personne de Dieu en terre, il lui plaira soutenir
l'innocence de mon mari qu'elle est suppliée très humblement
de voir dans la relation ci-jointe dont les officiers de l'armée
en pourront rendre témoignage. V. M. rendant la justice à
mon mari fera une œuvre agréable à Dieu qui est le protecteur
des innocents puisqu'il n'y a rien de caché devant ses yeux,
et m'obligera avec ma famille à prier Dieu pour la conservation
de V. M. comme étant éternellement

de Votre Majesté, Madame,

la très humble et très obéissante servante,

ANNA MARGARETA VON ROSEN

gebor. von Eppe,

A Bollwiller, en la Haute-Alsace, le 28 juillet 1647 [1]).

Le mémoire dont parle cette touchante lettre et qui
l'accompagnait, a été publié [2]), et nous ne le reproduirons pas, non plus qu'une lettre à la duchesse d'Orléans
que Marguerite de Rosen lui écrivait le 23 octobre de
Philippsbourg [3]) où elle s'était rendu dans l'intervalle.

En 1648, Marguerite de Rosen, qui avait rejoint son
mari à Nancy, recommençait ses démarches, et cette
fois c'est à Mazarin qu'elle s'adressait:

Monseigneur,

Puisque les plaintes ne peuvent justement être déniées aux
affligés, j'ai cru que V. Em. ne regretterait point les justes
miennes qui suis la plus affligée qui soit au monde et n'y a nul
doute que si Dieu ne m'eut assisté particulièrement je ne fusse
présentement plus en vie, n'étant mes afflictions d'un jour ni
d'un mois, mais de trois années tout entières. L'esprit le plus
solide se trouverait accablé sous ce faix. C'est pourquoi je vous
prie, au nom de Dieu, de nous rendre la justice que vous ne
refusez à personne. Que votre Eminence considère les bons
et fidèles services que mon mari a rendus à Sa Majesté en tant
d'endroits et en la présence de beaucoup d'honorables personnes qui ne peuvent ni ne doivent être inconnues à votre

---

1) Lettre autographe.
2) Dans la *Revue d'Alsace*, loc. cit.
3) Ibid. — Les autographes de ces deux lettres sont également dans
notre dossier.

Eminence. Les blessures qu'il a reçues en tant d'endroits, son sang qu'il a épandu si volontairement et ce zèle incroyable au service de sa Majesté méritaient un autre traitement qu'il n'a reçu. Car dans ces afflictions l'on donne matière de joie aux ennemis de sa Majesté, sachant combien sa présence leur donnait de terreur l'ayant éprouvé à leurs dépens.

Et pour tous ces bienfaits et fidèles services, il se voit dans une totale ruine. Car tout ce que nous pouvions avoir au monde a été employé en dépenses que nous avons faites de tous les côtés, et dans l'entretien d'un nombre de personnes et chevaux qui se sont attendus (attachés) à mon mari, croyant le servir derechef au service de sa Majesté. Et (je) puis dire avec vérité que si sa Majesté et votre Eminence ne prennent pitié de mon mari et de sa famille, qu'il faut que nous succombions dans nos infortunes.

J'appelle le Ciel et la terre à témoin, et beaucoup de signalées personnes, de l'innocence de mon mari, et je crois que votre Eminence est trop juste pour en douter, notre Dieu vous donnant des inspirations divines qui vous font discerner le bien du mal, et c'est pourquoi puisque notre Dieu vous a pourvu d'une âme si juste, je me jette aux pieds de votre Eminence pour en recevoir les grâces de votre bonté, et vous supplier au nom de Dieu de remettre mon mari en liberté et que ce bien ne nous soit plus différé.

Que si votre Eminence savait ce que nous avons souffert depuis un an, je sais que votre âme toute divine serait émue de compassion en notre endroit et n'aurait repos qu'il ne nous eut délivré.

Ce faisant vous exercerez la justice de Dieu en terre et vous obligerez avec toute notre famille à prier Dieu pour votre conservation, et suis à jamais

De votre Eminence la plus humble servante

ANNA MARGARETA VON ROSEN
geborene von Eppe.

De la citadelle de Nancy, ce 19 mai 1648 [1]).

Malgré toutes ces suppliques Rosen restait toujours prisonnier. Il se décida alors à envoyer son secrétaire à Stockholm solliciter l'intervention de Christine de

[1] Même collection. Original. Signature autographe et cachet.

Suède [1]. Le landgrave de Hesse-Cassel intervint aussi en sa faveur [2], et « tous les princes alliés de la France » [3]. Enfin mis en liberté, il fut autorisé à se rendre à la cour, « où la Reine mère et le Roi le reçurent avec bonté et distinction, et la Reine mère l'assura que le Roi son fils lui ferait tant de grâces à l'avenir qu'il aurait lieu d'oublier le mauvais traitement qu'on lui avait fait si injustement, et qu'elle espérait qu'il servirait sa Majesté avec autant de zèle et de fidélité que par le passé, et lui donna sa main à baiser » [4].

Aussitôt, comme il l'avait toujours demandé, il fut chargé de reconstituer un corps de troupes suédoises, composé en grande partie des reitres qui n'avaient pas voulu servir sous Turenne et pour lesquels Rosen obtint du roi une amnistie complète [5]. Avec ces troupes, dont Louis XIV l'avait, comme de juste, nommé lieutenant-général [6], Rosen alla aussitôt guerroyer dans le Luxembourg et le pays de Trèves [7].

Peu de temps après, Rosen eut sur son rival [8] la plus belle revanche qu'il pût souhaiter : Turenne, bel et bien révolté contre son pays, fut battu à Réthel par les troupes du roi, et c'est Rosen qui, en chargeant vigoureusement la droite des ennemis et en la mettant en fuite, détermina le gain de la bataille. Son régiment même y prit tout l'équipage du vicomte de Turenne

---

1) *Inventaire contenant les diplômes, chartes et autres titres… de la maison de Rosen…*, p. 48. — Ce manuscrit, de la même collection, mériterait d'être publié intégralement : M. Gasser en a donné (loc. cit.) quelques fragments.

2) CHARVÉRIAT, II, 575.

3) LEHR, p. 127.

4) Ibid.

5) Le 19 février 1650. GASSER, 18-19.

6) Ibid., p. 13.

7) La collection de M. Gasser contient sur cette nouvelle campagne du maréchal de Rosen de nombreuses pièces qu'il n'est pas dans notre but d'utiliser ici.

8) Contre lequel il avait gardé un vif ressentiment, faisant mettre « pour devise, dans ses étendarts, une tour qui tombait en ruines sur un rosier qu'elle n'empêchait cependant pas de fleurir, avec ces mots : *Malgré la Tour, les Roses fleuriront*, faisant allusion aux noms et aux armes de l'un et de l'autre ». LEHR, p. 127.

que « le général lui renvoya généreusement dès le
lendemain, en lui faisant dire qu'il n'était pas homme
à se venger sur un équipage, mais que, s'il l'eut rencontré, il lui eut demandé raison de son accusation
injuste » [1]).

Mais, en 16§2, — étrange retour des choses de ce
monde, — Turenne rentra en grâce auprès du roi. A cette
nouvelle, le général de Rosen, que Louis XIV avait
nommé son commandant en chef pour la Haute et la
Basse Alsace, quitta le service et se retira au château
de Dettwiller où il mourut le 18 décembre 1667 et où
se trouve encore sa tombe [2]).

1) LEHR, ib.
2) Elle est reproduite dans LEHR, d'après un dessin. — J'aurais
voulu en donner une reproduction directe en tête de ces pages, mais
il n'a pas été possible d'en faire de photographie.

APPENDICES

I.

UN TEXTE NOUVEAU DES ARTICLES

DE LA

CAPITULATION DE BRISACH (1638)

M. Coste a publié dans la „Revue d'Alsace" (1854, p. 59) un texte de ces articles qui diffère notablement de celui qu'on va lire et qui, pour ce motif, mérite d'être conservé. Je le publie d'après une copie du temps, de ma collection.

LES ARTICLES ACCORDÉS PAR SON ALTESSE LE DUC BERNARD DUC DE SAXE JULIERS CLEUES ET MONTZ ETC AU BARON DE REYNACH GENERAL DE LARTILLERIE ET GOUUERNEUR DE LA VILLE ET FORTERESSE DE BRISAC POUR LA REDITION DE LADITE PLACE.

1. Il sera permis au Baron de Reinach General de Lartill^{rie} et Gouuerneur de Brisac de sortir auec la garnison et soldatz commandez haultz et bas officiers de guerre comme aussy ceux de lart^{rie} et tous soldatz a cheual et de pied et particulierement auec les deux Colonelz Escher et Vietz auec leurs seruit^{rs} et qui leur appartiennent bagages enseignes desployees tambour battant hautes et basses armes y compris les arquebuses a rouet de chasse et pistolletz mesche allumēe balle en

bouche, et on leur donnera de la part de S. A. pour deux jours de pain et ceux qui iront par terre seront escortez par des troupes de Lad^e A. jusques a Offembourg et de la par vn Trompete a Stothouen la sortie se doibt faire demain le 19 de ce mois de Decembre, mais l'accord estant conclud quelques postes de la Ville que S. A. voudra luy seront aussy tost liurés entre les mains.

2. Les officiers et soldatz qui veulent sortir par eau ou malades ou non comme aussy le bagage dud^t gn'al de Lartillerie et des autres officiers qui sortent seront menez a Strasbourg par le moien des bateaux qui sont a Brisac hormis le batteau de voiture de Neubourg et seront escortez auec bon conuoy. Toutesfois a condition que les bateliers s'en retournent sans faulte laissantz caution pour cela.

3. Il sera permis au General de L'art^{ie} de prendre auec luy deux pieces de Canon a huit liures de balle au plus auec vingt bouletz et deux caques de poudre et pour mieux transporter toutes les choses cy dessus specifiées S. A. a accordé outre les batteaux qui sont a Brisac deux autres grands batteaux de Berne, mais quand aux batteaux pointus de Brisac ou Reimberg et led^t batteau de voiture de Neubourg seront changez contre d'autres batteaux de Bern selon la proportion.

4. Et affin que le General de Lart^{ie} soit dautant plus assuré du passage de la Ville de Strasbourg Il aura permission d'y enuoier aussy tost quelqu'vn deuant pour cela et en cas que le passage luy seroit refusé Il luy sera permis de descharger des gens bagages et en somme tout ce qui luy a esté accordé de prendre auec luy par eau aupres d'Altenheim ou pour sa commodité aux enuirons d'Offembourg et y mener soulz l'escorte de S. A. mais le Gen'ral de Lart^{ie} sera obligé de donner bons et suffisants ostages pour la sureté dud^t conuoy.

Les fuyars de nostre armée ne seront point compris dans cet accord mais seront liuvrés a S. A. neanmoins ceux qui durant ce siege ont esté pris par nous prisonniers des regiments et troupes qui sont maintenant soulz le commandement dud* General de Lart^rie et s'y sont retournés pourront demeurer et se retirer auec les autres.

5. Apres cet accord arresté le General de Lart^rie sera obligé suiuant la volonté de S. A. d'enuoier vn ordre expres au Commandant de Lanscroon de rendre aussy tost led* Chasteau entre les mains de S. A. Laquelle sera escorter led* Commandant et ses soldats a Vill'gen ou Offembourg.

6. Tous les officiers et soldatz de l'armëe de S. A. qui sont maintenant prisonniers dans Brisac et Lanscroon seront déliurés sans rançon, de mesme S. A. veult faire deliurer ceux qui durant ce siege ont esté pris sur lesd* garnisons de Brisac et Lanscroon.

7. Quand a ceux qui ont esté cy deuant du gouuernem* et de la Chambre des Comptes de la maison d'Autriche Il leur sera bien permis de sortir librement auec les leurs aprez deux mois passés toutefois a cette condition qu'Ils remettront en mains de S. A. ou de ses deputez non seulement toutes le., archives registres comptes et actes dont larticle suiuant fait mention, mais aussy toutes informa^tons sans aucune contradiction. Cependant S. A. permet que quelques vns soient deputez desd* corps qui sortent en mesme temps auec le Gn'al de Lart^rie pour faire leur rapport ou bon leur semblerait.

8. Toutes les archives registres documents comptes et memoires et specialement tous les papiers concernants les fiefz droicts coustumes et generallement tous autres actes appartenants tant a la Chancelerie et Chambre des Comptes et registrature de Brisac de quelques noms et tiltres qu'Ils puissent estre et qui jusques a present se trouueront dans lad* Ville de Brisac, semblablement aussy les estatz et registres des peages seront deliurés à S. A. Comme aussy les restants des deniers seigneuriaux seront rendus a lad* A. Toutesfois Il sera permis au General de L'art^rie prendre et emmener auec soy tous les comptes et autres

papiers concernants les despences des ouurages et prouisions de viures du temps de la charge de son gouuernement.

9. Toutes autres munitions et armes grenades materiaux de guerre de quels noms qu'ils puissent estre et qui ne sont point specifiez au troisieme article cy dessus seront deliurés a S. A. ou a celuy qui sera sur ce deputé sans receler cacher enterrer ou distraire aucune piece soubz pretexte quelconque.

10. Les Bourgeois et habitans de Brisac auec leurs femmes et enfans et tous autres qui en dependent demeuront en la liberté de leur religion et de leurs biens sans qu'il soit permis de voller ou piller rien qui soit des biens d'iceux et autres des églises et couuens, que si toutesfois il y a quelques ecclesiastiques qui desirent de sortir et de s'en aller cela leur est accordé mais quand aux autres ecclesiastiques et seculiers particulierement les Nobles et Gentilshommes qui se sont retirez dans lad^e Ville et qui se voudron^t declarer enuers Sad^e A. touchant leur sortie ils seront traitez de telle sorte qu'Ilz n'auront aucun suiect de se mescontenter.

11. Tous les meubles et biens appartenants à la maison d'Autriche comme aussy ceux qui ont esté retirés ou par quelque autre façon sauuez et presentement seront trouués dans la Ville et forteresse de Brisac et qui n'appartiennent nullement aux officiers et soldatz sortans ny aux habitans demeurants et qui auparauant ce siege ne leur ont point appartenu demeureront entiers sans qu'il soit permis d'estre recherchez ou repetez de qui ce soit mais seront deliurés et mis entre les mains de celuy qui sera deputé par S. A. sans cacher receler et aliener aucune chose d'iceux.

12. Led^t Gn^{al} de l'Artillerie empeschera et garantira S. A. par vne caution d'ostages de personnes requises qu'il n'y a dans la Ville et forteresse de Brisac aucune mine ou feu caché qui puisse nuire ou endommager S. A. ou la garnison qui entrera.

13. Finallement tous les articles susd⁵ seront de point en poinct fidellement obserués sans que rien soit faict a lencontre que s'il auient que quelque simple soldat commist quelque chose qui ne regarde point les principaux points de cet accord on s'en prendra a luy seul. Au reste cet accord demeurera en tous les articles ferme et inuiolable en foy de quoy Sad⁵ Altesse et le Baron de Reynac general de L'Art⁵⁵ ont signé et soubscript ce present accord faict le 17ᵉ Decembre 1638.

ii.

Dans ma notice sur la *Mère de Rosen* (Collection
Moines et religieuses d'Alsace) j'ai raconté (p. 12) que
lorsque cette future *Grande Supérieure* — c'est le nom
qu'on lui donnait dans son ordre — fut, encore enfant,
enlevée à sa mère pour être conduite à la Visitation
de Nancy, ainsi que ses sœurs et deux cousines, l'une
de celles-ci disparut du château de Bollwiller la veille
du jour où l'on devait se mettre en route.

Je disais en note n'avoir trouvé nulle part de ren-
seignements sur ce qu'était devenue la fugitive, et que
le document où j'empruntais cette histoire, racontait
seulement « qu'elle avait été conduite à Bâle par un
confident de son dessein pour y être à couvert de
toute poursuite ».

Depuis, en relisant pour le présent travail la *Notice
sur la famille de Rosen*, publiée par M. Lehr dans les
*Mémoires de la Société des Monuments historiques d'Al-
sace* (1864, II) j'y ai trouvé que la « fugitive » avait
épousé un M. de Pistorius, sans doute fils ou parent
du cornette weimarien, dont j'ai publié (p. 14) une
lettre en faveur de Reinhold de Rosen.